JN409398

삶의 노래

이승세 시집 2

신아출판사

시인의 말

부대끼며 살아온 삶,
가슴에 묻었던 사연들이
봄 햇살에 새싹처럼 자꾸만 꿈틀거려서
글 몇 줄로 그려봅니다.
옹달샘 물이 흐르고 흘러 장강 대하를 이루듯
나도 어느 날에는
개울을 지나서 바다를 만나는 꿈을 꿉니다.
내 삶의 노래가 어느 마음에 새로운 노래로
울려나기를 소망해 봅니다.
두 번째 작품이 나오기까지 묵묵히 내조한
아내 차형숙에게 감사드립니다.
이름을 열거할 수 없지만
이 시집을 위하여
도움 주신 분들께 진심으로 감사드립니다.

차례

1

2

3

4

1

해바라기는 해를 등진다

해바라기는 해를 좋아하지만
해가 떠오르면, 등지고 돌아섭니다.
뼈가 녹는 짝사랑에
제자리를 떠나지도 못하고
사슴보다 더 긴 목을 빼고 기다립니다.

죽도록 사랑하기에 땅을 쥐어뜯고라도
님 곁으로 다가서고 싶은데
절절한 마음일 뿐
한 발짝도 가까이 다가서지 못합니다.

햇살이 퍼지면 해바라기는 고개 숙입니다.
황송하여 해를 등집니다.
수줍어서 노래진 얼굴,
해바라기의 못난 짝사랑입니다

찬란한 님의 얼굴 차마 마주볼 수 없어
님이 그려준 그림 한 폭
땅에 비친, 제 그림자만 바라봅니다.

죽도록 님을 사모하는

해바라기의 가슴 시린 짝사랑입니다

바람이 그리운 잎새

바람이 불어와 이파리를 흔든다.
어디서 왔다 어디로 가는지 한마디 말없이
멋대로 까불다 훌훌 떠나는 바람아
너는 맘대로 잎새를 희롱하느냐.

다시 만날 기약 없이 떠나는 바람
잎새는 손 흔들며 이별의 슬픔을 삼키는데
눈인사도 없이 떠나가는 매정한 바람아
언제 다시 오실는지 귀띔이나 해주렴.

잎새는 바람을 따라가지 못해도
바람은 잎새가 그리우면 언제라도 오겠지
희망을 안고 기다리는 잎새
그리운 바람은 언제쯤 다시 올까.

바람이 잎새가 그리워 찾아왔다가
낙엽이 되어버린 잎새를 보고 슬퍼하려나.
훗날, 한줌 흙이 된 잎새를 위하여
바람은 비구름 데려와 울어주려나

아~ 벌써!

세월은 쏜살처럼 빠른데
기다리는 마음을 아는지 모르는지
지루한 시간도, 지나면
아니 벌써!, 후회만 남는다.
지나간 뒤에 내뱉는 소리, 벌써!

'아직'이라는 건, 여유 있다는 것
오래 누리고 싶은 거겠지
야박한 시간이 지나면
'아직'은 '벌써'로 바뀌는데
때를 놓치고 내뱉는 탄성, 벌써!

벌써! 하고, 후회하기 전에
아직, 이라는 지금 채근할 것이다
돌이킬 수 없는 인생
오늘 게으름 부리다
기회를 놓치고 뼈아픈 후회, 벌써

그리움이라는 것

지독한 외로움에 무너지기도 하지만
그리움이라는 것 때문에
메마른 광야를 헤쳐 올 수 있었다.
그리움은 사막을 적시는 샘물이었다.

향방을 잃고, 죽음의 계곡을 헤맬 때
그리움이 있어서
가시밭에서 낙원을 꿈꿀 수 있었다
그리움은 사막에 흐르는 생명수였다.

그림자처럼 붙잡을 수는 없지만
너를 지탱하는 힘
가슴 저리도록 애달픈 그리움은
열매를 위하여 피어나는 꽃이었다.

떼(무리)

약한 것이 외롭고 두려워서
떼 속에 파고들어
좁은 어깨에 맞대고 위로한다.

언제 닥칠지 모르는 위기
고사리 손을 맞잡고, 서로를 토닥이며
무리 속에 몸을 묻는다.

바람아!
작은 몸짓으로도 떼를 놀래게 마라
흩어져 방황하는 무리가 가엽다

마중물

물을 얻으려면
펌프 아가리에 물 한바가지를 붓고
펌프질을 해야 한다.

물을 얻으려고 붓는 것이 마중물이다.
우물 안에 물이 많아도
마중물이 없으면 물을 얻지 못한다.
먼저 희생하는 것이 마중물이다

열매를 거두려고
종자를 심는 것처럼, 마중물은 심는 것이다.
심어야 거두는 것은 알지만
누구도 종자로 심어지는 것은 기피한다.
세상이 배고픈 까닭이다

풍요로운 세상을 위하여 먼저 사랑 하자
먼저 사랑하는 것이 마중물이다

우리 마당

그날이 오면 우리 마당 짓밟은 도둑들 내몰고
우리 손으로 꽃을 가꾸자
겨울이 가고, 따스한 햇살이 울안에 비쳐오면
마당 한쪽에 꽃밭을 만들고
손을 마주잡고 사랑의 꽃을 피워내자

꽃밭에 해바라기를 심어서 해를 부르고
달맞이꽃 심어서 달을 부르자

그날이 오면 우리 마당 유린한 짐승 떼 내쫓고
작은 힘을 모아 밭을 일구자
찬바람이 멈추고 벌판에 아지랑이 피어오를 때
마당 한쪽에 텃밭을 고르고
희망의 텃밭에다 사랑의 씨를 뿌리자
가슴에 인정이 흐르고, 마음은 감사가 넘치는
우리 마당을 꽃피는 낙원으로 가꾸자.

똥 이야기

희생은 숭고하다고 하면서 똥은 외면한다.
음식이 몸속에서 분해되어
송두리째 바치고 밀려난 것이 똥이다.

목숨이고 건강이던 음식, 좋은 것 다 빼앗고
쓸모없다고 밖으로 밀어낸다.
똥은 숭고한 희생의 표상이다

음식이 몸에서 똥이 되고 몸밖에 버려져도
미련 없이 드렸으므로 여한이 없다
이제는 피와 살로 몸속을 돌고 있어서
버림을 받아도 행복하다.

사랑하면 똥 되어야 하는 인생
똥이 되는 순간까지 사랑할 것이다

빈 의자

외로운 가슴을 비워 두고
빈 의자는 하염없이 기다린다.
자리를 비워 둔 빈 의자에 누가 앉으려나.
힘들고 지친 친구여!
무거운 짐을 벗고, 쉬어가라고
의자는 가슴을 비우고 기다린다.

너도 외로워지면
빈 의자를 찾아 친구가 되어라
피곤한 몸과 마음, 상처 난 마음을 보듬는
빈 의자의 친구가 되면
의자는 너의 친구가 될 것이다
마음 외로운 우리가 빈 의자다.

물의 얼굴

어느 때는 쌩한 얼굴로 침묵하고
굳은 얼음이더니
어느 때는 서릿발 같은 기상이 사라지고
낮은 곳으로 순하게 흘러가고
순간에 변하여 하늘을 나는 구름이더이다.

변하지 않을 것 같은 물이
순간순간 얼굴을 바꾸더이다.
물의 진실한 얼굴은 어떤 것입니까

어느 것이 물의 진짜 모습입니까
추우면 돌처럼 굳고
뜨거우면, 머리를 풀고 하늘을 나르더이다.
모이면 강과 바다를 이루고
때로 영롱한 이슬로 풀잎에 앉더이다.

골백번도 더 얼굴이 바뀌지만
바뀌지 않는 것은
언제 어디서나 물은 마냥 물이더이다.

새벽길

물안개 자욱한 새벽이 열리고
어스름한 길을 나선다.
바람 앞에서 촛불을 지키는 마음으로
꿈을 찾아서 정성 어린 기도로 더듬어 가는 길
몰래 흘린 눈물이 발에 젖는다.

배고픔에 잠을 설치고 새벽길 나서는 사냥꾼
싸움터로 향하는 용사의 비장함으로
잡는 손을 뿌리치고 가는 길
게으를 수 없는 삶
뜨거운 눈물 밥 먹고 나서는 새벽길

꿈을 찾아서 서둘러 떠나는 새벽길
빛과 어둠 뒤엉키고 희망과 불안감이 겹치는 길
새벽을 여는 부지런한 발걸음들이
해거름 귀갓길이 행복하기를
뭉텅이 손 모아 기도하는 새벽길

성찰省察

내가 앞으로 달려갈 때는
넘어져서 울고 있는
가여운 내가 눈에 보이지 않았습니다.

엎어지고서 내가 보였습니다.
토닥거리며 눈물을 닦아줬습니다.

허위단심 높은 곳에 오를 때는
낮은 곳에서 울고 있는
초라한 나를 못 보고 지나쳤습니다.

높은 곳에서 추락하고서
추위에 떨고 있는 나를 만났습니다.

조금만 일찍 나를 돌아보았으면
나는 초라하지 않고
슬프게 울지도 않았을 것입니다.

이제는 미리미리 나를 살펴
부끄럽지 않은 모습으로 살렵니다.

풀잎에 맺힌 이슬처럼
뜻 없이 살다 스러질 수는 없습니다.

심장의 고동이 멎기까지
한 점 부끄럼 없이 살기를 다짐하며
날마다 때마다 나를 살피렵니다.

사랑의 강물 흐르면

내 가슴의 사랑의 강이 흐르면
그 강을 건너서 세상을 품으리라

나를 사랑할 수 있을 때
나는 어둠을 밝히는 빛이 되리라
내가 나를 사랑하면 누구도 사랑할 수 있으리라

아픈 가슴으로 너를 품을 수가 없어
치유의 강이 흐르면 그 강을 건너 손을 잡으리라.

마른 나무에 싹이 돋고 사막에 샘이 흐르도록,
사랑의 강물이 흐르면
치유받은 영혼으로 너를 품으리라

잡초

밟히고 꺾여도 다시 일어나고
끈질긴 생명력으로 어려움을 견디는
흔하고, 천한 풀을 잡초라 한다.

아니다. 잡초는 제자리가 아닌 곳에서
밥의 뉘 같은 부조화,
그래서 뽑아야 하는 것이 잡초다

아름다운 화초, 알곡이 달린 곡초
어정쩡한 곳에서 거슬리면 잡초 아닌가.

잡초 같은 사람도 있으니
물과 기름처럼 서로 어울리지 못하고
품격을 잃고 망동 망언하면 잡초일 것이다

곡식밭의 화초, 꽃밭의 곡초
제자리 아닌 곳에 있어서 잡초일 뿐이다
누구나 제자리가 있으니 자리를 지킬 것이다

제자리 잃은 꾐을 자랑하지마라
성실히 살면 하대에도 기죽을 것은 아니다

잡초는 뽑아내면 되는데,
잡초 같은 인간아 너는 어찌하랴.

나는 왕자입니다

왕자였던 나는,
나를 잃어버리고 거지가 되어
누더기 옷 입고 짚신발로 살았습니다.
그래도 나는 왕자였는데
다만 왕자라는 것을 잊어버렸습니다.

내 어릴 적 기억에는
"너는 왕자다" 하시며 극진히 섬겨주던
어머니들은 모두 시녀였고
나는 언제나 어머니들의 엄지였습니다.

어느 날 어머니들이 떠나고
나는, 나를 잃어버린 바보가 되었습니다.
헐벗고 주리며 정처 없이 헤매는
병들고 가난한 거지가 되었습니다.

어느 날, 왕자인 나를 찾았습니다.
어머니들의 왕자 말고, 왕의 아들입니다.
없어도 부족하지 않고

다 퍼줘도 궐나지 않는 왕자는
사랑의 열정으로 세상을 밝히렵니다.

짝사랑

보일 수도 없고 감출 수도 없고
함부로 내뱉지도, 삼키지도 못하는 괴로움
울지도, 웃지도 못하는 고통
그래서 짝사랑은 더 아픈 겁니다.

줄 수도 받을 수도 없어 애달고
다가서지도, 떠나지도 못하는 못난이 마음
못다 피고, 시들어버린 꽃처럼
썩어 문드러진 가슴에 상처입니다.

상사화처럼 홀로 피고 지는 사랑
구름 속의 숨은 달처럼 끝 모를 가슴앓이는
흐르지 않아 썩는 강물과 같아서
짝사랑이 그토록 아픈 것입니다.

낚시꾼

낚시꾼이 물가에서
시선을 물에 던지고 무엇을 찾는다.
물속에 물고기만 있는 것은 아니다

하늘도 구름도 있고 해도 달도 별도 잠겼고
물속에는 낚시꾼도, 꾼의 마음도 들어있다

꾼의 마음을 모르고 조롱한다.
낚시질이 사기꾼의 소행 같다고
하지만, 꾼이 물속에 던진 건 바늘이 아니다

꾼이 낚으려는 것은 물속에 가라앉아 있는
잃어버린 자신을 건지려는 것이다

철없이 핀 꽃

아름답고 향기로워
꽃이 피는 고통은 아무도 모른다.
깊이 쌓인 울분, 삼키지 못한 외로움을
헛웃음으로 내뱉는 것이 꽃이다

봄에 펴야 할 꽃들이
봄은커녕, 겨울이 오기 전 서둘러 폈다
아직 겨울도 아닌 늦가을인데

봄을 기다리지 못한 꽃들,
겨울추위가 두려워 서둘러 피웠을까
사춘기 꽃들의 반항일까.

개나리, 진달래, 동백꽃
철을 모르고 피어난 꽃들이 애처롭다
찬바람아! 건들지 마라
철부지야! 찬바람에 어쩌려느냐.

불꽃놀이

인생이여!
한 맺힌 삶을 불꽃으로 터트려라
지축을 울리며 밤하늘에 퍼진 불꽃이 되어
여한 없이 발산하라
불꽃아래서, 저 미친 함성이 울리게 하라
한순간 피었다 지는 불꽃놀이 인생

너 청춘이여!
움츠린 가슴을 펴고 불꽃으로 퍼져라
폭발하는 것이 젊음 아니냐.
청춘이여! 잠에서 깨어난 맹수처럼 포효하라.

바람처럼 왔다 이슬처럼 갈 수 없다
일어나라! 빛을 발하라
밤하늘을 찬란하게 수놓는 불꽃이 되어라

늙은이여!
마지막 열정을 쏟아 불꽃을 피워라

하늘을 붉게 물들인 서산마루의 태양처럼
인생의 마지막을 불태워
찬란한 불꽃이 되어 밤하늘을 수놓아라.

한번쯤, 시원하게
가슴을 열어젖히고 호탕한 소리로 웃어보자

세월은 흘러도

세월은 흘러도 추억은 남아서
시들지 않는 꽃으로 피어난다.

너의 목소리가 빗속에서 바람 타고 들려오고
너의 모습은 창밖 청아한 별빛아래
물속의 그림자처럼 어른댄다.

사람은 떠나도 이름은 남아서
대답 없는 이름을 부른다.

너의 눈동자는 창밖의 가로등 불빛이 되고
우련한 추억으로 창문을 두드리면
사랑이 꽃피던 하얀 밤이 그리워진다.

비오는 밤에 비단옷

비단옷 입고 빗속을 걷지 마라
맑은 곳에서 돋보여 자랑할 것이로되
비에 젖은 비단옷이 처량하구나.
기다려라
기다렸다가 비 그치면 입어라

비단옷 입고 밤길을 걷지 마라
어둔 밤에 입은 비단옷 누가 봐줄까
격에 맞지 않는 겉치레
너는 우쭐대지만 남은 비웃는다.
해 돋은 뒤에 비단옷을 입어라

가을이 속삭임

가을이 속삭인다.
색깔로, 열매로, 모양으로
단풍은 인생의 황혼이며
열매는 참고 견뎌온 세월의 결정이다
낙엽은 이별을,
찬 서리는 식은 정열을 말한다.

가을이 속삭인다.
끝은 또 다른 시작이라고
낙엽은 새봄에 돋을 순의 시작이다
고난 너머의 희망에 대하여
떨어지는 열매는
봄에 움으로 돋는 희망을 말한다.

가을이 말하는 것은
가는 세월을 서러워 말고
오는 고난을 두려워하지 말란다.
가을의 소리 없는 외침,
참고 견디면
행복은 고난을 뒤따라온단다.

삶의 노래

누구나 삶의 노래를 부른다.
소리야 있든 없든
살면서 부대낀 것들

넘치는 기쁨과 감사
활짝 입 벌린 함박웃음
가슴 절절한 사랑이 삶의 노래다

새어나온 그 한숨이,
몰래 흘린 눈물과 가슴앓이,
사무친 원한,
삶의 노래로 방방房房에 울린다.

늦게 핀 코스모스

늦가을 코스모스가 피는데
아름다운 빛깔, 고운 자태가 애처롭다

더운 여름날은 어찌하고
소슬바람에 하늘대는 여린 코스모스야
처량한 네 모습이 마음시리구나

때 잃고 피려는 네 모습이 안타까운 건
겨울에 입은 삼베옷 같고
청춘을 흉내 내는 늙은이 몸부림 같아
웃을 수 없어 가슴이 먹먹하다

때 잃고 피는 코스모스야!
무서리에 못다 피고 시들지는 말아라.

2

향수鄕愁

첫정, 첫사랑의 긴 사연이 머물고
탯줄이 묻혀 있는 고향
가끔, 추억의 옹달샘에서 물을 마신다.

정처 없는 떠돌이
마음은 때없이 고향을 기웃거려도
몸은 고달파서 고향을 외면한다.

평안할 땐, 고향이 아득히 먼데
외롭고 지치면 꿈에 찾아간다.
고향친구가 그리울 때는 눈을 감는다.

몸은 멀리 있어도
늙은 호박이 매달린 추석에
마음은 고향하늘 둥근달을 바라본다.

칭얼대는 철부지처럼
고향이 그리운 눈에는 이슬이 맺힌다.

님의 품입니다

님의 모습은 보이지 않고
목소리도 들리지 않습니다.
하지만, 님은 나를 품으셨으니
언제 어디인들 님의 품이 아니오리까.

봄볕은 님의 체온 같고
별빛에서 님의 눈동자가 보입니다.
살랑대는 바람에서
흙에 불어넣은 님의 호흡을 느낍니다.

빗소리, 천둥소리
이름 모를 산새들 소리
풀잎의 여린 떨림도
가슴을 적시는 님의 목소리입니다.

가슴 울리는 사랑의 음성
숨결 같은 바람에 가슴이 설렙니다.
꿈에도 그리운 님이여
어딘들 님의 품이 아니리까.

부자父子의 눈물

서른 살도 넘은 아들이
일흔 살 다된 아버지 등에 뛰어 올랐다
비틀대는 아버지에게
"아직은 정정하시네요. 저보다 짱짱하시네요."
마음 짠한 아들이
아버지를 위로하는 말이었다.

"제가 업을까요."
꿋꿋한 아들 등에서 아버지는 흐뭇했다.
"넌 아직 어리다 내가 업어주마"
"아버지! 그러셔야죠."
좁아진 아버지의 등 아들 가슴이 먹먹했다

죽는 날까지, 아들 버팀목이 될지언정
짐 되기 싫은 아버지 마음.
아버지가 계속 강건하기를 바라는 아들의 마음
두 가슴에 고스란히 전해졌다
말없이 눈물 짓는 부자는 행복했다

내 안의 나를 사랑하리라

모두 나를 싫어해도 나는 좋아하리라
특별한 것은 없지만 사랑하리라
뿌리치는 손을 잡아주고
누가 무시해도, 나는 나의 친구가 되리라.

모두 내 곁을 떠나도 나는 함께하리라
왜 그러냐고 물으면 대답하리라
세상에 둘도 없는, 하나뿐인 나, 이니까

내 소중함을 아무도 몰라도
하늘에 계신 아버지가 소중히 여기시니
나도 나를 소중히 여길 것이다.

나를 사랑해야 너를 사랑할 수 있고
내가 행복해야 네게 행복을 줄 수 있기에
누가 뭐래도
나는 지극히 나를 사랑하리라

너를 위해서

너 위해서, 너 필요한 곳에서
너의 힘이 된다면 나는 한 그릇 물이어도 좋다
한 모금의 물로 네 몸에 스며들리라

너의 힘이 된다면
너 위해서 미련 없이 나를 던지리라
너 위해 살고, 죽어도 거침돌은 되지 않으리라.

너 위해서 나는 지팡이가 되고
필요 없으면 장작개비로 아궁이에 던져지리라
너를 따뜻하게 감싸려고
나를 불태워서 한줌의 재가 되리라

그대, 내게 온다면

그대, 내게로 오면
나는 빈손을 보이며 사래질할 것이다.
그래도 가까이 오면, 식어버린 가슴을 보이고
근근이 잇댄 숨소리와
심장이 팔딱이는 소리만 들려줄 것이다

그대, 내게 다가오면
나는 아무것도 줄 것이 없어
하늘 떠받친 산처럼 제자리를 지킬 것이다.
사랑하지만, 사랑해도
사랑한다는 허튼소리는 하지 않을 것이다.

그대, 나를 찾으면
아직은 심장이 팔딱이지만
심장이 더 뜨거워지면 바닷가 외로운 등대처럼
너의 밤길을 밝혀 주리라

조화調和로운 것

세상은 선과 악, 빛과 어둠이 엉켜 있고
희비애락이 공존한다.
가시밭에 백합이 피고, 감탕물에서 연꽃피고
쓰레기더미에 장미꽃 핀다.

만나고 헤어지고, 웃다가 울고
승리의 환성과 패배의 눈물이 뒤섞인다.

단색의 세상이라면 얼마나 삭막할까
무지개가 아름다운 건
일곱 빛깔이 어우러져 조화롭게 때문이리라

낮의 해와 밤의 별들과
계절 따라 빛깔 달라지는 세상이 아름답다

사랑하는 것만 아니라
때로는 미워하는 것까지 삶의 동력이 된다.
하늘과 땅과 바다가 생명을 품고
드렁칡처럼 어우러진 세상이 아름답다

겨울이 추운 것은

겨울이 추운 것은
봄에 깨어날 생명들을 품고
품 밖으로 체온을 보내지 않는
포란한 암탉처럼
몸의 열기를 날개 속에 가두고 있어서
날개 바깥은 춥다.

겨울이 추운 것은
알을 깨고 나올 병아리를 위해서
꼼짝 않고 떠는 암탉처럼
생명을 잉태한 겨울은 온기를 품고 있어
겨울의 등이 시린 것이다

연단鍊鍛

어미 수리가 둥지를 부수고
가녀린 새끼들을 허공에 팽개친다.
안식처를 잃은 슬픔보다
살려고 버둥거리는 새끼들 날갯짓이 애처롭다.
몸부림쳐도 돌멩이처럼 떨어져
절명의 순간 어미는 날개로 새끼를 업는다.

새끼가 안도의 숨도 쉬기 전
어미는 새끼들을 안전을 뒤엎었다.
한 번, 두 번, 세 번……
새끼들의 여린 날개에는 점점 힘이 붙는다.
더 넓고 높이 날도록
새끼들의 장래를 위해서 연단시킨 어미 독수리
새끼 수리는 하늘의 제왕이 된다.

무엇이 내 것인가?

올 때도 빈손이요, 갈 때도 빈손인데
무엇을 보고 내 것이라 하리요

알몸으로 와서 몽땅 빌려 쓰고
떠날 때 빈손으로 가는 나그네 아닌가.

헛것을 추구하여 내 것이라 하지마라
굴복당하지 않는 것이 어찌 내 것이랴

내가 좋아 해도 내 것이 아니거늘
나를 좋아하지 않는 것이 어찌 내 것이랴

사랑을 모르는 것들에게 연연하지마라
나를 사랑하는 것이 내 것인데
무엇이 나를 사랑하더냐

가슴 없는 것들이 사랑을 알겠는가.
사랑을 모르는 것들에게 마음 뺏기지 마라.
짝사랑하다 상처만 남는다.

헛된 탐욕으로 외로워질 뿐이다
빈손으로 태어나서 빚쟁이로 가지 말자

내 것을 챙기려하지 말고 베려하며 살자
나누고 베푸는 그것이 내 것이다

부모와 자식

부모.
나는 똥이 아니라 부모다
아니다, 나는 부모가 아니라 똥이다
너를 위해 다주고 찌꺼기만 남았으니까
어쩌랴. 그것이 부모인 걸

자식.
부모님은 똥이 아닙니다.
한 평생 희생하신 사랑입니다
자식위해 아낌없이 주신 헌신입니다.
자식은 부모님의 은혜로 삽니다.

하지만, 패역한 세상에서
바랄 수 없는 슬픈 상상일 뿐이다

막걸리

뽀얀 막걸리를 보면
어릴 적 어머니가 그리워진다.
철없이 떼쓰며 응석을 부리면
불쑥 꺼내 한입 물리던 어머니 젖꼭지
흡족히 빨던 막걸리 닮은 뽀얀 젖
품에 안고 자장가를 부르시던 어머니
막걸리를 보면
어릴 적 어머니가 그리워진다.

막걸리 냄새를 맡으면
땀 흘리던 아버지가 그리워진다.
시큼한 막걸리 냄새 닮은 아버지의 땀
자식들 건사에 고단한 몸
막걸리 한 사발로 목축이시던 아버지
시큼한 막걸리 냄새가
자식들 위해 흘린
아버지의 땀 냄새를 그립게 한다.

막걸리 보면 옛 벗이 그립다

격식 차리지 않아도 좋은 막걸리
한 사발 벌컥벌컥 마셔도 허물없는 것
질펀한 농담을 주고받는
그래도 정답기만 한, 막걸리 닮은 벗
숙성된 시큼 달큼한
언제나 스스럼없는
무르익은 막걸리 같은 벗이 그립다

모란꽃 눈물

아침에 모란꽃잎이 젖었다
화사한 여왕이 눈물을 쏟았을 것이다
무슨 사연이 있어 그랬을까

죽어도 눈물을 보이지 않을 것 같은 모란
화려한 자태를 뽐내던 여왕
영원히 웃을 것 같던 모란이 왜 울었을까

모란이 눈물지은 까닭은
부귀화라는 부질없는 이름이 아팠으리라

비에 젖고 바람에 시달리다가
열흘도 못 넘기고 시들어버리는 모란꽃은
세월의 무상함에 울었을 것이다

새벽 얼굴

방긋 웃는 새벽얼굴을 못 봤다
졸린 눈을 비비는 새벽얼굴이 굳어있다.
하루의 시작, 첫 만남이 긴장되어
날마다 얼굴은 화석처럼 굳어있을 것이다.

새벽얼굴만 굳은 것은 아니다
생존의 싸움이 시작되는 시간이라
곤잠에서 깨어 싸움터로 가는 얼굴도 굳었다.
비장한 얼굴로 하루를 여는 새벽

웃지 않는 회색빛 새벽얼굴은
피 튀는 전쟁터로 나서는 님의 마음 상할까
새벽은 함부로 웃지 못하는 것이다
새벽이여! 함박웃음으로 용기를 북돋우라

매화

섬진강줄기 따라 바람은 싸늘하고
백운산 남쪽에 아지랑이 아롱대는데
아직 떠나지 못한 철새들 날갯짓이 한가롭다
벌써, 매화는 버선발로 봄소식을 전해왔다.

잎보다 빨리 가슴을 연 매화
아직 남쪽에 머뭇대는 봄을 매화꽃이 부른다.
섬진강변에 매화꽃 피면
섬진강하구, 해변마을에 사는 벗이 그립다.

겨울 같은 가슴에 봄을 불러다 준 벗이어서
매화꽃 같은 벗이 그리운 것이다

눈발 맞으며 달려온 매화꽃
가슴을 열라고 주춤대는 진달래를 재촉한다.

매화꽃잎 나비되어 하늘을 날 때
형언할 수 없는 기상氣像이 가슴에 서린다.

매화꽃이 피고 지는 건
결실을 위해 꽃잎이나 향기에 연연하지 않는
고고한 선비는 내년 겨울에도 의연할 것이다

꽃이 핀 십자가

힘겨운 고통의 신음과
일그러진 얼굴에 얼룩진 피와 땀방울
채찍에 맞아 찢긴 하나님 아들
심장이 터져 피가 흘렀습니다.

마른나무에 꽃이 피었습니다.
저주받은 참혹한 주검,
차마, 볼 수 없어 태양도 눈을 감았습니다.
십자가는 붉은 피로 젖었습니다.
생명의 꽃이 피었습니다.

속죄양의 심장이 멈추기까지
원수들을 위하여 애끓는 기도를 드립니다.
아버지! 저들을 용서하소서.
온 누리에 구원의 강물이 흐릅니다.
생명 열매가 맺혔습니다.

명품

명품의 가치가 다른 건
세월이 흘러도 쉽게 변하지 않도록
정성을 기울여서 만들고
제품을 보증하기 때문이다.

명품인생을 생각해보자
우렁우렁 어우러져 사는 세상에서
허물없는 사람이 있을까 만,

잘못을 반성하고,
성실하고, 책임지는 삶으로
신뢰를 잃지 않으면 명품인생일 것이다

명품이라는 자긍심을 갖고
삼가 경망한 언행을 버리고
겸손히 섬기며
꼭 필요한 사람으로 인정받고 살자

수레바퀴인생

인생을 수레바퀴라고 했는가.
인생이 잘 달리려면 바퀴가 둥글어야겠지
각지고, 모나고, 찌그러진 바퀴는
순탄하게 달리지 못할 것

순조롭게 달리려면
깎고 다듬어서 둥글게 만들어야겠지
아집을 버리고 가슴으로 세상을 품어야지

원망과 불평을 버리고
탐욕과 교만과 자존심을 부수고
인생을 괴롭히는 그릇된 습관을 깨트려라

인생이 순탄하게 굴러가기 바라면
자신을 성찰하고
잘못을 바로잡아 둥글게 만들어야겠지

도드라진 마음이 모가 되는 것
시련의 맷돌에 갈고 다듬으면 둥글어지리라
용서하고, 사랑하고, 감사하며 살자

사랑의 작품

사랑이 없는 우리는 서로
끝없이 외로웠고
고독은 견딜 수 없는 병이 되었다.

사랑 때문에, 미워하지 못하고
갈라서지 못하고
상련相連을 끊지 못하는 것이다.

사랑이라는 것이
우리를 하나로 만들어
고난의 파고를 즐기며 넘게 한다.

내가 기쁘면 너도 기쁘고
내가 아프면 너도 아픈 건
사랑이 하나를 만들었기 때문이다

씨앗

땅에 묻힌 씨앗이
살이 찢기는 고통과 죽음을 넘어
봄 햇살에 연두떡잎으로 만세를 부른다.
죽음을 이긴 생명의 찬양이다

죽음을 두려워 말 것은
끝이 아니라 새로운 삶의 시작이고
더 넓은 세상으로 이어주는 징검다리다
새싹이 작은 몸으로 보여준다.

두려운 것은 죽음이 아니라
억지로 지탱하려는 하는 헛된 몸부림이다
죽음보다 비참한 것은
뜻 없이 목숨을 부지하려는 것이다

조각보자기

제 것이 아니어서
모양과 색깔이 다른 천 조각을
땀땀이 잇대 하나로
보자기를 짓는 것은 그리 간단치 않다

어쩌면 세상살이가
조각보자기 짓는 작업 같다
조각의 제자리를
한 땀 한 땀 잇대어 보자기를 만든다.

아름다운 세상 위해
사랑의 바늘과 인내의 실이 되어
조각난 마음을 잇대면
조각보처럼 아름다운 세상이 되리라

찻집

찻집을 찾는 까닭은
차를 마시려는 것만은 아니다
사람을 찾아서 찻집을 가는 것이다
만남에서 사랑이 영글고
찻집에서 웃고 울다가
원망도 슬픔도 다 녹아버린다
마음 나누는 곳, 찻집

찻집에 사람이 모이고
찻잔 앞에서 희로애락이 핀다.
찻잔의 차향이 그윽하지만
더 아름다운 것은 사람의 향기
차향은 십리를 못가도
사람향기는 천리를 넘는데
어찌, 차향을 사람 향에 견주랴

어디만큼 갔니?

부푼 가슴으로
날마다 꿈을 찾아서 나를 떠나보내며
어디만큼 갔을까?

이마에 손을 얹고
황금마차 타고 돌아오는 나를 기다리며
어디만큼 왔을까?

삶이 힘들고 지칠 때, 나를 찾는 독백
떠나간 나는 어디만큼 갔니?
기다리는 나는 어디만큼 왔니?

나를 보내고, 기다리며
어디 만큼 왔니? 어디만큼 갔니?
외로울 때마다 나를 찾는 마음의 노래

여백餘白

톱니처럼 분주히 도는 세상
빈틈없이 빼곡한 여유 없는 삶에서
잠시 쉬어가면 어떠리.
여백을 두고 평화롭게 살 것이다

탐욕의 사슬에 매여서
초조하게 살아가지 말 것이다
물처럼 마음을 풀어놓고
순리로 사는 여유가 필요할 것이다

초조하면 보이지 않는 것도
초연하면 보이는데
기다리며, 남은 때를 계수하는 지혜
삶의 여백일 것이다

마음과 손을 비우면 어떠리.
가득차서 더 담을 수 없고
더 잡을 수가 없으면
너와 나를 위해서
조금은 여백을 두고 살아갈 것이다

3

물수제비 뜬 조약돌

중력을 거스른 조약돌
텀벙텀벙, 호수 위를 달려가다
숨이 차 멈춰서더니 물속으로 사라진다.
조약돌이 스친 흔적, 물수제비
조약돌이 물속에서 죽어도
물수제비 파문은 넓게 번져간다

물수제비 뜬 조약돌
물위를 성큼성큼 걸어간 것은
누군가, 조약돌을 호수에 던졌기 때문이다
조약돌처럼 추력을 잃은 인생은
호수에서 잠들어도
잔잔한 파문은 호수를 흔들 것이다

새벽눈물

새벽은 왜 눈물 젖었는가.
어스름에서 아픔을 녹인 간절한 기도
영롱한 새벽진주가 되었는가.

숨어서 흘린 새벽눈물
까닭이야 알든지 모르든지
눈물에 젖는 부지런한 발이 아름답다.

햇살에 흔적 없이 스러지는 눈물방울
마른땅에 가랑비처럼
사랑을 잇는 생명이다.

지는 꽃

꽃이 피고 지는 까닭을 아는가.
꽃이 지는 것보다 피는 것이 괴롭다
살기 위하여 죽어야 하는
새로운 생명을 찾아가는 몸부림이다

꽃잎이 떨어지는 것은
호사를 사양하는 위대한 어머니처럼
결실을 위하여 아름다움을 접고
장렬하게 숨지는 것이다.

암담한 세상에서 절망을 넘는 지혜
꽃잎이 떨어진 뒤에 열매가 말한다.
생명을 품고
고난 너머에 희망이 있다고

괴로워도 눈물 흘리지 말자
숭고한 뜻을 품고
꽃잎 지는 모습이 초라하게 보여도
춤추며 지는 것은 소망 때문이다

종이학

천 번을 접어야 학이 된다는데
정성 없이 접는 종이학은
만 번을 접어도 날개를 펴지 않을 것이다

사랑으로 접은 종이학이
오달진 사랑을 싣고 내게로 날아올 때
나는 학의 날개 위에 꿈을 실었다.

종이학 굽이마다 촛농처럼 녹아 흐른 사랑
켜켜이 쌓인 정성이
내 꿈이 되어 날아갈 것이다.

허상의 유희遊戲

하늘에 떠가는 나비구름
바람이 들려주는 노래가 그렇다
담담한 마음은 강물 소리에 흥취 했을 것인데
초롱초롱한 별은 왜 눈물짓는가.

고요한 밤 창을 열고 푸릇한 별나라 벗을 부른다.
그래도 추억에 남을 건 아니겠지만

물속에 거꾸로 선 그림자
심란한 물결은 마음을 뒤흔든다.
신명난 춤사위가 멋었고 강물은 마음을 휘젓는데
어쩌랴! 공중 나비구름아

속절없는 강물의 노래가 바람 타고 들려온다.
미련두지 말아야 할 부질없는 그림자들

저 강물에 띄운다

강가에서 사랑을 속삭였다
강물소리가 큰소린지 작은 소린지
기억은 없지만, 알아들을 만한 소리로
우리는 밤새워 사랑을 속삭였다

마음에서 강물이 소리친다.
흘러가지 않으면 썩는 강물처럼
사랑도 멈추면 질식해서 죽을 것이라고,
강물처럼 추억도 흘러가야 한단다.

강물이 들었을 사랑의 고백
추억에 아로새긴 오붓한 사연
가슴에 맺힌 못 다한 사랑의 응어리들을
아무렇지도 않게 강물에 띄워 보낸다.

홍시

그냥 스쳐도 좋을 고즈넉한 오솔길
늦가을에 부는 바람이 을씨년스럽다.
일부러 청승 떠는 건 아닐 테지만
앙상한 감나무에 황금 몇 덩이 매달렸다.

잎 떨어진 초췌한 감나무에
노을을 마시고 홍시가 황금빛이 되었다
옹골찬 푸른 다짐을 내려놓고
누구의 요깃거리 되기를 기다리는 것인가

바람처럼 살아온 가을 나그네
황금빛 홍시가 마음을 흔든다.
늦가을 홍시처럼 허기진 영혼을 달래주는
아름다운 황혼이 되라고

말(언어)의 힘

흔적 없이 사라지는 말
때로는 병이 되고 때로는 약이 되고
삶을 태우는 불씨로, 갈증을 달래는 물이 되어
양날의 칼처럼 삶과 죽음을 가른다.

주검의 악취가 가득한 말
살리는 말을 못하고, 비수가 되어 가슴을 찔렀다
파상한 그릇에서 쏟아진 물처럼
주워 담지 못할 죽음을 부르는 독한 말들

이제라도 바꿔야 할 말이
아궁이 속을 맴도는 불티처럼 입속에서 맴돈다.
미안합니다. 감사합니다. 사랑합니다.
아름다운 생명의 언어들,

치졸하게 세월에 떠넘기지 말자

누에가 제 입에서 나온 실로 제집을 짓듯
선한 입은 복을 짓고 악한 혀는 죽음을 부른다.

영혼을 살리고 마음을 치료하는 아름다운 입에서
재갈을 풀어 말하게 하라

사노라면

사노라면
꽃피는 날도 있지만 비오는 날도 있겠지
죽기보다 힘든 것이 사는 것인데
한평생 꽃바람만 불기를 바라지 마라
낮도 밤도, 희로애락도 한 순간인 것을

사노라면
꽃은 피고지고 세월은 제 길을 갈 것이다
지는 꽃을 서러워 마라
꽃이 떨어져야 열매가 맺히고
물은 흘러가므로 썩지 않는 것이지

사노라면
먹구름 너머에 꽃구름도 있다.
눈앞에 무엇을 보든지 연연하지 말 것이다
바람에 날리는 운무 같은 것
개똥밭에 굴러도 기회는 산자들의 것

갈등葛藤

칡넝쿨, 등나무야 싸우지 마라
칡이건 등이건
위로 오르려는 것은 마찬가진데
험한 고갯길 손 마주잡고
밀고 당기며 함께 오르면 좋으련만
너는 오른쪽으로, 나는 왼쪽으로
양보 없이 죽도록 싸우는구나.

어느 쪽으로 오르든지
타고난 습성일 뿐,
옳고 그름을 따지고, 논할 건 아닌데
손잡지 않는 아집과 독선
승리의 깃발을 날려도 부질없는 것
삭풍에 잎새 떨어지는 칡과 등
언제쯤 손잡고 함께 오를거나.

포도가 익어간다

염천에 포도가 익어간다.
더위에 지쳐 놓칠세라 손을 맞잡고
폭염이 쏟아지는 여름에 의연하게 매달렸다
잎새 사이로 이마를 맞대고
뜨거운 햇살 아래 포도가 실실거린다.

보랏빛 상큼한 향기 한가득 채워
사랑하는 님의 입속에서 부서지는 순간까지
포도는 태양을 삼키며 기다린다.

사랑이여! 너는 왜 홀로 아픈 것이냐
송두리째 님께 바치려고 고난의 길에 서서
무르익을 때까지 홀로 진저리친다.

가슴이 끓는 열정을 남몰래 다독거리며
포도 알은 사랑을 채우고 있다.

바람아! 아픈 상처를 건드리지 마라.
사랑이 힘들다는 건, 포도는 알 것이다

나를 밟아 뭉개라

밟아라. 처참하게 나를 밟아 뭉개라
나를 밟지 못하면 세상이 나를 짓밟는다.

잡초처럼 자라는 거짓과 탐욕, 교만과 거드름
긍휼히 여기지 말고 무참히 밟아 뭉개라

들불처럼 함부로 타오르는 허접한 욕망
허리 굽힐 줄 모르는 독선과 아집을 밟아라.

곧은 목에, 가시 돋친 혓바닥
내가 짓밟지 않으면 세상이 나를 짓밟는다.

자아가 부서진 아골 골짜기 건너편에서
하늘 거룩한 형상을 만나리라

군산 째보선창

풍요 속에서도 빈곤한 세상살이
지난날, 기억을 더듬으며 째보선창에 갔다.
추억의 군산 째보선창!

희망을 싣고 바다를 누비던 폐선廢船들
부러진 돛대 위에 갈매기 울어댄다.

만선의 깃발 달고 고기잡이배가 돌아오면
복닥대던 빛바랜 사진 속 째보선창
비린내 여전한데, 똥개 한 마리 졸고 있다

만선의 조깃배 돌아오면 행복한 웃음소리
딸랑대는 방울소리에 경매가 시작되고
경매꾼들 손짓 따라 환호와 탄식이 터졌지

한 아름을 덤을 얻은 구경꾼도 흥겹던
비린내 나는 추억의 째보선창
아낌없이 나누던 풋풋한 인정이 아련하다.

금강에 흐르는 탁류는 여전한데
째보선창의 추억이 강물 따라 떠내려간다.
선창에도 흥망이 있구나.

봄의 축제

잿빛 하늘에 백설이 날리고
악귀의 울음소리 닮은 칼바람 소리
심장도 얼었습니다.
가여운 생명들은 흙속 어둠에서 숨죽이고
죽음의 골짜기를 지납니다.

땅속은 겨울 생명들 피난처
얼었던 땅에 햇살이 입 맞추고
따뜻한 바람은 봄의 입김을 토합니다.

얼었던 심장이 녹고
아지랑이 너울 쓰고 춤추는 봄
연두 떡잎은 살아있음에 만세를 부릅니다.
땅을 뚫고 솟아난 생명들이
어머니의 태를 벗어나 축제를 벌입니다.

연鳶

연이, 용처럼 하늘로 올라간다.
제멋대로 머리 흔들고
때로는 어깨춤 비틀대며 하늘로 치솟는다.
연은 용이 되어 등천하는 것이다.

용처럼 하늘로 올라가던 연이
줄에 붙잡혀 멈춘다.
더 높이, 더 멀리 오르고 싶어 몸부림친다.

줄 때문에 더 높이 날지 못해서 불만이다
마음껏 치솟고 싶은 욕망이 꿈틀대면
하늘을 맴돌며 억지를 부린다.

줄 끊어진 연은 처참하게 곤두박질친다.
연이 하늘을 날았던 것은 바람만이 아니라
연줄의 덕분이었다.
방해꾼 연줄이 연을 띄우는 것이다.

뜨거워야 하는 것

뜨거워야 하는 것들이 있다
여름 태양이 그렇다
여름이 뜨겁지 않으면 가을은 허탈해지고
그런 가을이면, 오는 겨울은 춥다
풍성한 가을, 따뜻한 겨울을 위하여
여름태양은 뜨거워야 하는 것이다.

청춘은 뜨거워야 한다.
뜨겁지 않은 청춘은 청춘이 아니다
앞을 가로막는 것들을
열정으로 녹이고 넘어가야 청춘이다
나를 불태운 열정이 너를 태우고
세상을 태워서 변화시키는 것이 청춘이다

사랑은 뜨거워야 한다
미지근한 것은 사랑이 아니다
사랑은 한줌 재가 되도록 뜨거워야 한다
생명을 출산하는 여인처럼 고통을 견디고
죽음도 피하지 않아야 사랑이다
사랑은 가슴이 불타는 상사병이다

아름다운 것들

풀잎에 맺힌 아침 이슬
진주처럼 영롱하고 청순한 아름다움이다
아침햇살에 스러지는 작은 물방울
그리움을 쏟은 맑은 마음이 깃들었다

늦가을에 귀뚜라미소리
차가운 달빛 아래서 소원을 비는 기도
꿈을 찾는 간절함이
어머니 자장가처럼 가녀린 마음을 흔든다.

흐느적거리는 학의 날개
감출 수 없는 사랑의 몸짓, 여린 듯 강렬한 춤
슬픈 듯, 즐겁게 너울거리는 학의 날개
사랑을 부르는 몸짓이다

양철지붕에 떨어지는 빗소리
몸을 던져 자신을 부수고 지르는 비명소리다
불타는 열정으로 흔드는
잠자는 영혼을 깨우는 호각소리다

중독

내게 없던 것이
어느새 몸에 배어, 내 것이 되었다
그만둬도 좋을, 그만둬야하는 버릇까지
본능처럼 되어, 저항하려는 의지를 꺾어버리고
언제나 승자가 되어 깃발을 올린다.

좋은 것이든 나쁜 것이든
내 삶의 한 부분이 되어버린 중독
어지간한 결단은 간단히 무너뜨리는 괴물이다
무력한 몸과 마음을 끌고 가는 습관,
또 다른 내가 되어있다.

능금이 익어간다

여름 아침햇살이 타오른다.
오늘 하루 불볕에 얼마큼 시달려야 할까
가늠하지 못할 폭염이 두려워 그늘로 숨고 싶다
더위를 피할 수 없다면 차라리 즐겨라

이글거리는 햇살을 머리에 이고
능금은 의연하게 가지에 매달려 있다
눈도 깜짝하지 않고 뜨거운 태양을 마시고 있다
햇살에 얼굴 붉어질 때까지

능금 속에서 태양이 타고 있다
태양을 마신 능금의 얼굴이 붉은 것이다
뜨거운 햇살을 능금이 마셔서 여름이 식어간다
능금이 붉어지는 만큼, 여름은 죽어간다

남대천의 연어

늙은 연어가 몰골이 되어
어릴 때 떠났던 남대천으로
자유를 찾아 대양으로 떠났던 연어가 돌아온다.

부푼 꿈을 안고 바다로 간 새끼연어가
드넓은 대양을 누비며 생존을 위해 몸부림치던
늙바탕 종種을 위해 마지막 쉼터를 찾는다.

대양의 자유와 영화를 뒤로하고 돌아오는 연어는
생존을 위한 고통과는 비교할 수 없는
훨씬 더 가련한 몸부림이 시작된다.

어미가 그랬던 것처럼 제자리를 찾아가는 연어는
남대천 거친 물살에 떠밀리고
폭포를 뛰어 오르다 수없이 추락한다.

생의 마지막을 정리하는 고통
절반도 잠기지 않는 얕은 물, 가로누워 팔딱이며
해산을 위해 죽음의 길에 오른 엄마다.

종種을 위한 회귀回歸, 어미가 죽고
새로 태어날 새끼들도, 그 옛날 어미처럼
떠나갔던 고향을 찾아서 남대천에 돌아올 것이다.

남대천 연어의 귀거래사歸去來辭

비우고 살리라

거머쥔 것들을 털어버렸다
많이 가지면 행복할 것이라 생각하지만
쥐려는 마음은 탐욕의 노예였다

잡히지 않는 허상에 눌려 괴로워하다가
모두 던져버리고 자유를 얻었다
지금은 빈손, 무엇이라도 잡을 수 있다

손보다 먼저 마음을 비웠다
비우는 것은 아파도, 비우면 평안한 것을
가슴이 열리고 이웃이 보인다.

탐욕의 노예가 되지 않으리라
탐욕은 언제나
나를 굶주리게 하는 못된 상전上典이었다.

귀거래歸去來

만물은 나들이 끝나면 제자리를 찾아간다,
해는 뜨고 지고, 또 뜨고
달도 서산을 넘어서 제자리로 돌아간다.

강물은 바다로 가고 바람은 불던 곳으로 간다.
봄 기러기 북으로 가고
가을제비는 강남으로 돌아가는데

사람도 때 되면 돌아가는 것
부귀영화가 부질없는 아침안개 같으니
나는 어디에다 이 몸을 뉘일까

산촌을 찾아가 산새들의 벗이 될까
파도치는 바닷가를 찾아가 물새들의 친구할까
아니다, 흙은 흙으로, 영혼은 하늘로 간다.

죽음보다 강한 사랑

능력 있으면 강하더이다.
노력하는 자는 더 강하고
그보다, 즐기는 자가 더 강하더이다.
목숨 건 자는 강하지만
포기하지 않는 자가 더 강하더이다.

뜻을 세운 자는
죽어도 포기하지 않더이다.
포기하지 않는 자가 더 강하더이다.

자진自盡을 결단했을 때
사랑이 외치더이다.
'포기하지 말라!' 고
사랑하기 때문에 죽을 수 없더이다.

살아야할 이유는 오롯이
사랑 때문이더이다.
죽어도 포기 못하는 사랑
하여, 사랑이
사랑이 죽음보다 더 강하이더이다.

4

바보의 행진

사랑하면 바보가 된다.
사랑하는 사람 앞에서 제 정신을 잃는다.
뼈가 꺾이는 고통도 아프지 않고
굶고도 '배부르다'고 한다.

약하지만 강한 척 허풍 떨고
불도 뜨겁지 않고, 얼음도 차갑지 않단다.
없어도 주고 싶다.
사랑이 만든 미친 거짓이다.

불속에 뛰어드는 불나방처럼
죽음도 두렵지 않은 용기, 어디서 오는가.
아낌없이 목숨도 던지는
사랑에 빠진 바보들의 행진이다

님은 나에게

거친 광야에 길 잃고 방황할 때
님은 길을 가르쳐준 나침반이었습니다.
나는 님을 따라 안전한 길을 갑니다.

그림자 삼켜버린 흑암의 밤바다
폭풍에 부서진 난파선으로 침몰할 때
님은 나의 구조선이었습니다.
그 품은 나의 안전한 포구입니다.

독수리에게 쫓기는 작은 새처럼
죽음 앞에 가슴 팔딱이며 떨고 있을 때
님은 보금자리가 되어주셨습니다.
평화로운 나의 요새입니다.

하늘 무너지고 땅 꺼지는 절망
허공에 던진 돌처럼 기댈 곳이 없을 때
님은 든든한 나의 언덕이었습니다.
뭉텅이 모은 손끝 간절함의 응답입니다.

사막의 갈증에 영혼이 마를 때
님은 혈몬의 이슬, 기혼의 샘물이었습니다.
나의 생명수요 치료자입니다.

차라리 사랑합니다

뒤틀어진 두마음이
동행하는 것이 힘들어 혼자 가렵니다.
혼자 가는 것은 너무 외로워
마음을 접고 사랑합니다.

미워하며 동행하는 것은 가시밭입니다.
가시에 찔리는 아픔이 너무 괴로워
차라리, 차라리 사랑합니다.

짝사랑이 너무 아파서 미워하렵니다.
사랑의 불이 꺼져버린 자리에는
지옥의 불이 타오릅니다.

그리움이 남아서, 미워하지도 못하는 마음
혼자서 괴로운 미친 가슴앓이를 하느니
차라리, 차라리 사랑합니다.

길동무

세상살이를 여행길이라고 하는데
외롭고 고달픈 여행길
길동무를 만나서 마음을 나누는 아름다움

힘들면 기대고 무거운 짐 나눠지고
비틀대면 부축하고 외로우면 보듬어 주는
여로에서 만난 아름다운 길동무

언젠가는 갈림길에서야 하지만
헤어진 뒤에도 아름다운 추억이 남도록
마음껏 기대고 사랑하리라

땅에 사는 하늘의 사람

땅에 사는 하늘의 사람이 있습니다.
고향이 하늘이어서
마음을 거기에 두고 사는 사람입니다.
고향 떠나 고달픈 여행길,
나그네로 살아가고 있습니다.
그는 슬픈 이웃 때문에
마음이 아파서 자주 눈물을 흘립니다.

본향을 떠나서 나그네로 삽니다.
고향에 돌아가면
타향살이가 어땠느냐고 물어볼 겁니다.
그때 이렇게 답할 겁니다.
눈물과 굶주림 아픔과 괴로움
하늘에는 없는 것들
슬프고 괴로웠던 것들을 말할 겁니다.

땅에서 경험한 것을 말하렵니다.
혼돈과 흑암, 공허함
가난한 민초들의 가련한 눈물에 대하여

꿈을 잃고 방황하는 이들,
한숨과 절망과 전쟁의 참혹함
빠짐없이 모두 말하고
하늘은총을 내려달라고 기도하렵니다.

꽃 이야기

울긋불긋 피는 꽃이 아름답습니다.
꽃이 아름다운 까닭을 아시나요.
찾아주지 않은 외로움
사랑받고 싶고, 또 사랑하고 싶어서
마지막 힘으로 피는 꽃
괴로움을 넘어 껄껄대는 아름다움은
외로움 감추는 꽃의 헛웃음입니다.

아름다운 꽃에도 눈물이 있습니다.
견딜 수 없는 외로운 바람기
버림받은 세상에서 바람난 여인처럼
마음을 달래는 쓴웃음
꽃의 겉모습은 아름다워 보일지라도
자아를 잃어버린 괴로움
마음을 달래려고 꾸며낸 아름다움은
눈물을 감추는 꽃의 몸부림입니다

지금이 최고다

땅을 밟고 하늘을 보는 지금이 최고다
싱그러운 공기를 마시는 자유
돋는 해와 달, 노을과 바다와 산천을 보며
사랑을 주고받는 지금이 최고다.

어제는 지났고, 내일은 안 왔는데
지금 꿈이 있고, 꿈을 좇아 땀을 흘리니
웃든지 울든지, 기회가 있는 지금이 최고다.

과거나, 미래에 연연하지 마라
정상이 가까울수록 더 힘들고 고통스러운 것
가장 괴롭고 힘든 지금이 최고다.

나를 사랑하면 과거도 바꿀 수 있다
지금 아름답게 살면 과거는 잊혀진다.
과거도 미래도, 이시간이 만들어가는 것이다
나를 사랑하면 지금이 최고다.

그 소리 들어보라

아침을 깨우는 햇살의 소리 들어보라
나무 위에서 춤추는 달빛
별빛이 부서지는 그 소리를 들어보라
꺾인 풀잎의 한숨소리,
바람에 떨어지는 가랑잎의 소리를 들어보라
아침을 적신 눈물,
애달픈 이슬의 울음소리도 들어보라

헝클어진 머리처럼 혼란스런 마음에
천둥소리인들 들릴까 만은
세월 가는 세미한 소리에 귀를 기울여라
정성으로 들어볼 것이다
스치는 바람소리 춤추는 파도 소리 들어보라
자연이 속삭이는 소리가
그대 영혼은 눈부시도록 맑게 하리라.

진주

그리움이 눈물 되고
눈물은 말라서 진주랍니다.
영롱한 진주는 그리운 님께 바치는
아름다운 정성입니다.

진주가 아름다운 것은
세월을 녹여낸 사랑이기 때문입니다.
기다리는 아픔이
변하지 않는 결정이 되었습니다.

절망에 꺾이지 않는 용기
희생을 넘은 아름다움입니다.
고통이 감사가 되는
사랑의 결정이 진주랍니다.

노을이고 싶다

아침에 솟은 해가 구름 속에서 빈둥대다
구름 걷힌 저녁 무렵 서편을 붉게 물들인다.
허송한 세월은 접어두자
나도 마지막을 태워서 노을이고 싶다

숨죽이며 떨고 살았던 소심함
해거름 무렵 뒤늦게 지난날을 후회한다.
하지만 더 늦기 전에 남은 열정을 불태워
서쪽하늘을 붉게 물들인 노을이고 싶다

덧없이 살다 허무하게 갈수는 없다
부질없는 신기루를 잡으려던 가엾은 인생아
사랑을 위하여, 내일을 위하여
남김없이 불태워서 석양 노을이고 싶다

아침에 웃으세요

아침에 웃으세요.
그대 미소가 아침 해보다 밝습니다.
찬란히 떠오르는 태양 아래서도
그대 얼굴이 그늘지면 밤보다 더 어두워집니다.
그대의 근심은 나의 고통입니다
아침에 미소는 행복의 햇살입니다.

아침에 웃으세요.
그대 미소는 꽃보다 아름답습니다.
흑암이 깊은 곳에서도 찬란한 빛이 되어
희망의 빛을 비춰줍니다.
그대 한숨에 가슴이 무너집니다.
아침 미소는 청량한 산소입니다.

승화昇華

가을 끝자락, 가지에 매달린 잎새가
거센 바람에 부대낀다.
낙엽으로 지기 싫어 기를 쓰는 건가

마침내, 떨어진 낙엽은
땅에 기어 다니려는 것도 헛될 뿐이다
바람에 떠밀리다가 어느 모퉁이에서 잠들면
빗자루에 쓸려
불속에서 한 점 연기가 되어 하늘 오른다.

잎새가 머물 곳은 나뭇가지가 아니라
저 높고 넓은 하늘이어서
몸을 태워서 연기로 올라간 것이다
사라진 것이 아니다
속박을 벗어나 자유의 몸으로 승화한 것이다

거친 바람을 맞으며 가지에서 떨었고
속절없이 땅바닥을 뒹굴었던 것은
잎새의 가련한 몸부림이 아니다
자유를 찾아 하늘을 날려는 날갯짓이었다.

굴레

굴레를 벗고 하늘을 날고 싶다
책임의 무거운 굴레를 벗어나고 싶다.

굴레를 벗고 싶다, 벗어나고 싶다
부모, 부부 자식이라는 끊을 수 없는 인연들
때로는 생각이 굴레다.

벗을 수 없는 책임, 의무
때로는 분노를 삼키고, 사랑에 몸부림친다.
어쩔 수 없는 굴레다.

세월이 흘러 희도록 무르익어, 생각하니
굴레는 나를 다듬는 은총이었다.

왜 사느냐가 먼저다

삶에 대하여 생각해 본다.
어떻게 살까. 어떻게 살아야 행복일까.

오래 살고 싶다
하지만, 짧게 살고 갈지라도 괜찮다
아름다운 자취를 남기면,

싱그럽게 살고 싶다
하지만, 병들어도 불평하지 않겠다.
부요하게 살고 싶지만, 가난해도 불만은 없다

아침햇살에 이슬처럼 스러질지라도
꽃이 지면 열매가 나오듯
흔적 하나 남아서 따르는 사람이 있으면 족하다
그것은 영원한 불꽃이니까

화려하게 사는 것보다 의미 있게 살고 싶다.
목숨 붙은 주검처럼
가슴에 못박는 못나 빠진 삶은 거부한다.

희망차고 보람 있는 삶으로
이웃들과 함께 행복을 나누며 살고 싶다.

어떻게 사느냐보다
왜 사느냐가 먼저이기 때문이다

보리굴비

바다를 휘젓던 조기가 그물에 걸려서
소금에 절여지고 허리 굽도록 말리면 굴비다.

보리단지 속에 숨어 있다 제사상에 올라가서
큰 절을 받기도 하고
어느 양반 입맛 돋우려고 고추장 단장도 한다.

어떤 놈은 찜으로, 어떤 놈은 찌개로
뽀글뽀글 바다에서 부르던 옛 노래를 부른다.

입속이 바다인 양, 굴비의 속살이 헤엄친다.
죽어서, 소금에 절여져 미라가 되어도
보리굴비는 어느 입속에서 살아나는 것이다.

뿌리

씨앗이 떨어져 흙에 묻히고
싹이 트면, 먼저 땅에 뿌리를 내린다.
흙이 좋아서가 아니다

하늘에 살 수 없어 흙에 뿌리를 내린다.
땅에서 양분을 빨아 잎을 돋우고
꽃을 피워 열매를 맺는다.

공중 가지에 열매가 달린다.
열매를 공중에 매달아 놓은 건
흙속에 묻혀 보이지 않는 뿌리 덕이다

달맞이 꽃

해거름에 님을 기다리는 달맞이꽃
마음은 설레지만 얼굴에는 미소 짓는다.
교교한 달빛이 얼굴 간질이면
얼른 달려가 달빛에 입 맞추는 달맞이꽃

날마다 변해가는 님의 모습이 걱정인데
무심한 달님은 아무렇지 않단다

날마다 변하는 님아! 병상에 눕지 마오.
얼굴처럼 마음까지 변하면
님의 얼굴을 다시 볼 수 없을 것 같아서
가슴조리며 밤 지새운 정성
달맞이꽃 아침얼굴에 이슬이 맺혔다.

희나리

그대 가슴에서
나를 불태워서 한줌의 재가 되려고
나의 전부를 그대에게 던졌건만
물에 젖은 장작이라
내 몸은 불타지 않고 도리어
그대의 불까지 꺼 버리는 물젖은 장작개비
그대 품에 잠들 수가 없어서
눈물로 떠나보내는
퇴색한 사랑, 희나리

봄이 오는 곳

나뭇가지에 가랑잎 떨어지면
동장군이 흰 깃발 꽂아도
삭풍이 멎은 벌판에 아지랑이 펴나도
고대하는 마음에 봄은 멀리 있다.

봄 햇살이 흰 눈밭을 밟는다.
봄은 어디서 오는 것인가
대지를 뚫은 새싹, 하찮은 생명들이
작은 기운으로 봄을 끌어당긴다.

아직 찬바람이 품속을 헤집어도
희망이 개나리를 피웠다.
칼바람은 거침없이 귓불을 때리지만
사랑하는 마음들이 봄을 부른다.

어느 노인의 마지막 행복

가쁜 숨을 몰아쉬며 비틀대는
병든 아내의 손을 남편이 잡고 부축했다.
남편에게 손을 맡긴 아내는
"나도 이런 행복을 누려봅니다"
아내의 말 한마디가 남편 가슴을 찢었다.
남의 눈치를 보느라고
손목 한번도 다정히 잡아주지 못한
한 맺힌 눈물이 하염없이 늙은 뺨을 적신다.
무심했던 지난날이 애달팠다.

병실 밖으로 산책에 나섰다
비틀대다가 쓰러지는 아내를 품에 안고
"여보 정신 차려" 울부짖는데
"당신 품에서 이렇게 호강하네요."
모기소리 같은 한마디
'호강'이라는 말이 남편의 가슴을 찢었다.
품에 안기는 것이 호강이라면
천 번인들, 만 번인들 못 안아 줄까 만은
아내의 행복은 거기까지였다.

오줌 누고 떠난 샘물

고향이 통영이라는 나이 일흔이 다 된 어떤 분이
열 살 안팎에 고향을 떠났다.
지독한 배고픔과 멸시를 못 견디고 고향을 등졌다
다시 돌아오지 않으려 먹던 샘에 오줌을 눴다

고향 떠나 막막한 타향살이가 시작됐다
힘든 타향살이에 또 하나 괴롭히는 것, 고향 사투리
사투리 때문에 놀림 받고 매도 맞았다.
지독하게 싫은 고향을 잊으려고 머리를 쥐어뜯으며
가난을 벗으려고 이를 악물고 노력했다

가난도 벗고 가정을 이루고 삼남매 자녀를 얻었다
어느 날 잊고 살던 고향이 마음을 스쳤다
갑甲이 넘은 황혼, 고향이 마음에서 살아난 것이다

실성한 사람처럼 곧바로 고향을 찾아갔다.
고향에 가서 제일 먼저 오줌을 눴던 샘물을 마셨다
그것은 고향과 화해였고,
고향사람들과도 화해하는 의식이었을 것이다

진저리나게 싫었던 고향이고, 미웠던 사람들
세월 흐르고 만난 고향사람들은 모두 가족이었다.
눈물 나도록 정겹게 어우러졌다.
오줌 눈 우물을 다시 마신, 떠나도 떠나지 못하고
잊어도 잊혀지지 않는 것이 고향이다

승리자

승리자가 달려왔네.
또 내일을 향하여 달려가네.
때로는 넘어지고,
패배의 쓴잔은 슬프고 괴로웠어도
돌아보니 그것은 바람이었네.

그는 승리자라네
비록 월계관을 쓰지 못했지만
포기하지 않은 승리자
꽃잎보다 빨리 시들어가는 영광
이제 지친 몸을 눕히려 하네

거기 이르지 못했어도
비틀대지 않고 푯대를 향했네.
진액이 말라 시들고
꽃잎은 흙덩이를 덮을 것이지만
승리자는 무지개를 타네.

사랑이 머무는 마음

사랑이여!
너는 왜 이리 춥고 시리게 하느냐
외로움을 감싸주려 하지만
감싸지 못하는 형편은 삭풍보다 더 차갑고
나눌 것 없는 빈손이 시리기만 하구나

사랑이여!
너는 왜 가난뱅이로 만드느냐
다 주고 싶은 것은 마음뿐
빈손 빈주머니, 채워줄 수 없는 가난뱅이다
사랑이 나를 더 처량하게 하는구나.

사랑이여!
네가 머무는 가슴은 왜 외로우냐.
들판에 허수아비처럼 홀로 서있는 삭막함
얼굴 펴 주지 못하는
안타까운 마음은 외롭기만 하구나.

이승세 시집 2
삶의 노래

인쇄 2016년 04월 26일
발행 2016년 05월 02일

지은이 이승세
발행인 서정환
펴낸곳 신아출판사
주소 전북 전주시 완산구 공북 1길 16(태평동 251-30)
전화 (063) 275-4000
팩스 (063) 274-3131
이메일 sina321@hanmail.net
출판등록 제465-1984-000004호
인쇄 · 제본 신아출판사

저자와 협의, 인지는 생략합니다.
잘못된 책은 바꿔 드립니다.

ISBN 979-11-5605-318-7 03810
값 8,000원

이 도서의 국립중앙도서관 출판시도서목록(CIP)은 서지정보유통지원시스템 홈페이지(http://seoji.nl.go.kr)와 국가자료공동목록시스템(http://www.nl.go.kr/kolisnet)에서 이용하실 수 있습니다.(CIP제어번호: CIP2016010041)

Printed in KOREA